John Quincy Adams

جان کوئینسی آدامز

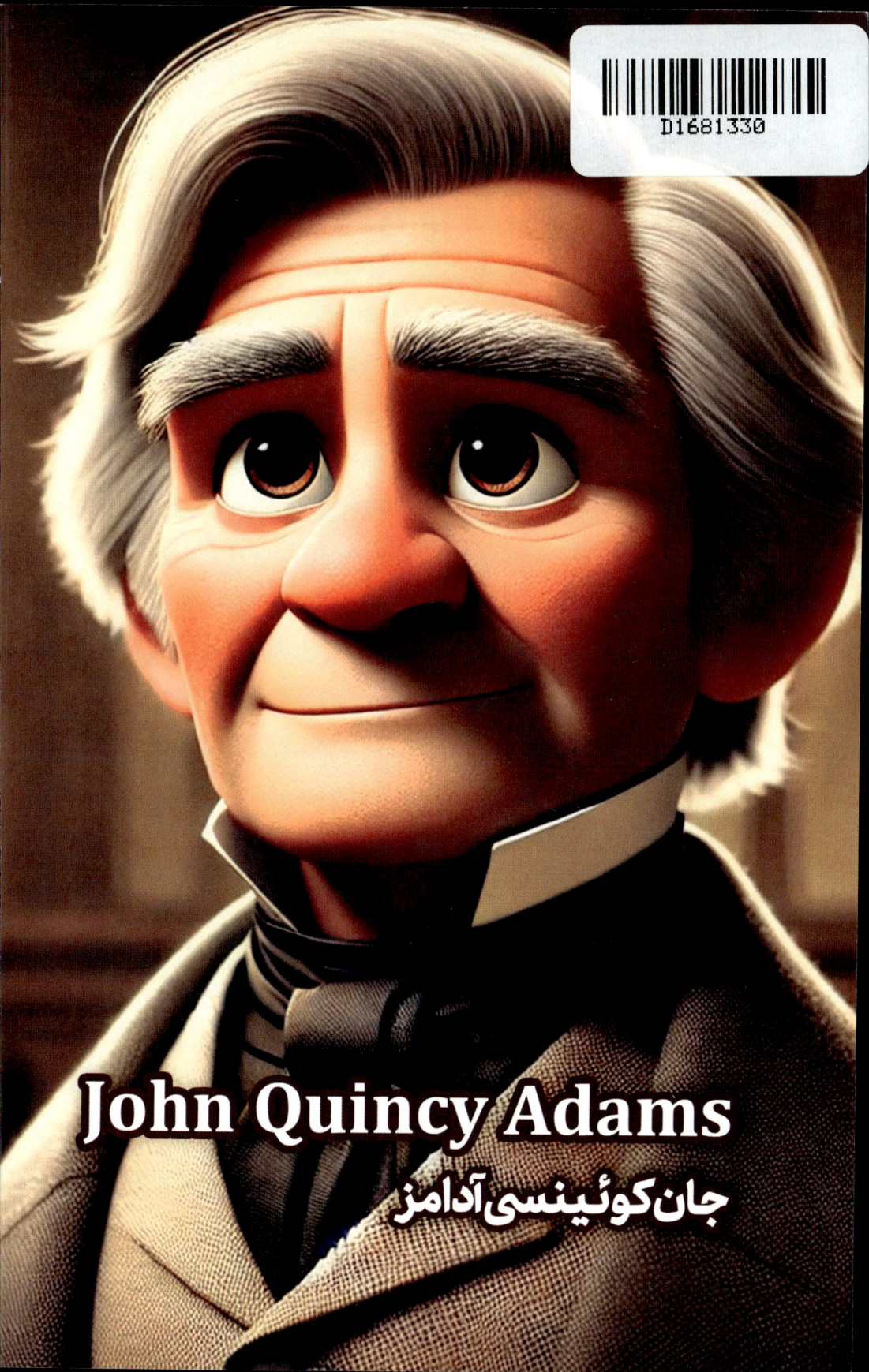

A long, long time ago, on July 11, 1767, a baby boy named John Quincy Adams was born. He came into the world in a place called Braintree, which is now called Quincy. His mommy and daddy were John and Abigail Adams. They named him after his mommy's grandpa, Colonel John Quincy. Sadly, Colonel Quincy went to sleep forever just two days after baby John Quincy was born.

خیلی وقت پیش، در ۱۱ جولای ۱۷۶۷، پسری بهنام کوئینسی آدامز به دنیا آمد. او در جایی به اسم برینتری که اکنون کوئینسی نام دارد بهدنیا آمد. مامان و باباش جان و ابیگیل آدامز بودند. آنها نام او را از نام پدربزرگ مادرش، سرهنگ جان کوئینسی، گرفته بودند. متأسفانه، سرهنگ کوئینسی تنها دو روز پس از تولد جان کوئینسی برای همیشه به خواب رفت.

When John Quincy Adams was a little boy, he had special teachers who helped him learn. One of them was his cousin James Thaxter, and the other was his dad's helper, Nathan Rice. John Quincy lived on a farm in Braintree with his mommy until he was ten years old. His daddy, John Adams, was very busy helping with the American Revolution, so he wasn't home much. But he wrote letters to John Quincy and told him to read books by old, wise writers like Thucydides and Hugo Grotius. With his daddy's help, John Quincy also learned to read and translate stories from famous authors like Virgil, Horace, Plutarch, and Aristotle.

زمانی که جان کوئینسی آدامز پسر کوچکی بود، معلمان خاصی داشت که به او در یادگیری کمک می‌کردند. یکی از آنها پسر عموی او جیمز تاکستر و دیگری همکار پدرش ناتان رایس بود. جان کوئینسی تا ده سالگی با مادرش در مزرعه‌ای در برینتری زندگی می‌کرد. پدرش، جان آدامز، بسیار مشغول بود و به انقلاب آمریکا کمک می‌کرد؛ بنابراین زیاد در خانه نبود. اما او نامه‌هایی به جان کوئینسی نوشت و به او می‌گفت که کتاب‌های نویسندگان قدیمی و دانشمندی مانند توسیدید و هوگو گروتیوس را بخواند. جان کوئینسی با کمک پدرش، همچنین خواندن و ترجمه‌ی داستان‌های نویسندگان مشهوری مانند ویرژیل، هوراس، پلوتارک و ارسطو را نیز یاد گرفت.

In 1778, when John Quincy Adams was a bit older, he went on an exciting trip to Europe with his daddy. His daddy, John Adams, was helping out in France and the Netherlands, so they traveled around and saw many new things. While they were there, John Quincy learned about law, French, Greek, and Latin at different schools. He liked Europe, but he and his family decided it was time to go back to America so he could finish his learning and start a new adventure in politics.

در سال ۱۷۷۸، زمانی که جان کوئینسی آدامز کمی بزرگ‌تر شد، با پدرش به یک سفر هیجان‌انگیز به اروپا رفت. پدرش، جان آدامز، در فرانسه و هلند کمک می‌کرد، بنابراین آنها به اطراف سفر کردند و چیزهای جدید و زیادی دیدند. زمانی که آنها، آنجا بودند، جان کوئینسی در مدارس مختلف، حقوق، فرانسه، یونانی و لاتین یاد گرفت. او اروپا را دوست داشت، اما او و خانواده‌اش به این نتیجه رسیدند که زمان بازگشت به آمریکا فرا رسیده است تا بتواند یادگیری خود را به پایان برساند و ماجراجویی جدیدی را در سیاست شروع کند.

John Quincy came back to the United States in 1785 and went to Harvard College two years later. After he graduated from Harvard, he learned more about law from a teacher named Theophilus Parsons in Newburyport, Massachusetts. At first, John Quincy didn't agree with the new U.S. Constitution, but he later changed his mind. In 1789, his daddy became the very first Vice President of the United States. The next year, John Quincy started his own law office in Boston. Even though it was a bit tough at first, he worked hard and became a successful lawyer, taking care of himself and making his own way.

جان کوئینسی در سال ۱۷۸۵ به ایالات متحده بازگشت و دو سال بعد به کالج هاروارد رفت. او پس از فارغ التحصیلی از هاروارد، از معلمی به‌نام تئوفیلوس پارسونز در نیوبوری پورت، ماساچوست، چیزهای بیشتری درباره حقوق یاد گرفت. در ابتدا، جان کوئینسی با قانون اساسی جدید ایالات متحده موافق نبود، اما بعدها نظر خود را تغییر داد. در سال ۱۷۸۹، پدرش، اولین معاون رئیس جمهور ایالات متحده شد. سال بعد، جان کوئینسی دفتر وکالت خود را در بوستون راه‌اندازی کرد. او اگرچه در ابتدا، کارش کمی سخت بود، اما به‌شدت کار کرد و به یک وکیل موفق تبدیل شد و توانست با محافظت از خود راهش را ادامه دهد.

John Quincy Adams was very busy with his law work and didn't think much about politics at first. But in 1794, President George Washington asked him to be the U.S. Minister to the Netherlands, which meant he had to help get money for the country. John Quincy wasn't sure if he wanted the job, but he decided to take it because his daddy thought it was a good idea.

جان کوئینسی آدامز بسیار مشغول کار حقوقی خود بود و در ابتدا زیاد به سیاست فکر نمی‌کرد. اما در سال ۱۷۹۴، رئیس جمهور جورج واشنگتن از او خواست که سفیر ایالات متحده در هلند باشد، معنی این مسئولیت این بود که او باید با دریافت پول از دیگر کشورها به کشورش کمک کند. جان کوئینسی مطمئن نبود که این شغل را می‌خواهد یا نه، اما تصمیم گرفت آن را بپذیرد زیرا پدرش فکر می‌کرد که این کار ایده خوبی است.

While he was in London during the winter of 1795-1796, John Quincy met a lovely lady named Louisa Catherine Johnson. She was the daughter of an American merchant named Joshua Johnson. John Quincy asked Louisa to marry him, and she said yes! Even though his parents were not happy about him marrying someone from England, John Quincy told them he wasn't going to change his mind. At first, John Quincy wanted to wait until he went back to America to get married, but instead, they got married on July 26, 1797.

زمانی که جان کوئینسی در زمستان ۱۷۹۵-۱۷۹۶ در لندن بود، با زنی دوست داشتنی به‌نام لوئیزا کاترین جانسون آشنا شد. او دختر یک تاجر آمریکایی به اسم جاشوا جانسون بود. جان کوئینسی با وجود این‌که پدر و مادرش از ازدواج او با یک انگلیسی خوشحال نبودند از لوئیزا خواست تا با او ازدواج کند و او هم جواب مثبت داد! جان کوئینسی به آن‌ها گفت که قصد ندارد نظرش را تغییر دهد. در ابتدا، جان کوئینسی می‌خواست صبر کند تا برای ازدواج به آمریکا برگردد، اما در عوض، آن‌ها در ۲۶ ژوئیه ۱۷۹۷ ازدواج کردند.

In 1796, President George Washington gave John Quincy Adams a new job as the U.S. Minister to Portugal. Later that year, John Quincy's daddy, John Adams, won the presidential election and became the President. When he became President, he gave his son a new job as the U.S. Minister to Prussia. Even though John Quincy was a bit worried people might think it was unfair because his daddy gave him the job, he decided to go for it. He went to the capital city of Prussia, Berlin, with his wife Louisa and his younger brother, Thomas.

در سال ۱۷۹۶، رئیس جمهور جورج واشنگتن به جان کوئینسی آدامز شغل جدیدی به عنوان سفیر ایالات متحده در پرتغال داد. در اواخر همان سال جان آدامز، پدر جان کوئینسی، در انتخابات ریاست جمهوری پیروز شد و رئیس جمهور شد. زمانی که رئیس جمهور شد، به پسرش شغل جدیدی به عنوان سفیر ایالات متحده در آلمان داد. اگرچه جان کوئینسی کمی نگران بود که مردم فکر کنند این کار ناعادلانه است زیرا پدرش این کار را به او داده بود، اما تصمیم گرفت آن را دنبال کند. او به همراه همسرش لوئیزا و برادر کوچکترش توماس به پایتخت آلمان یعنی برلین رفت.

John Quincy's job in Prussia was to help make trade deals with Prussia and Sweden, and his daddy also wanted him to keep him updated on what was happening in Europe.

کار جان کوئینسی در آن‌جا کمک به انجام معاملات تجاری با آلمان و سوئد بود، و پدرش نیز از او می‌خواست که او را در جریان آنچه در اروپا اتفاق می‌افتد؛ بگذارد.

When John Quincy came back to the United States, he started his law practice again in Boston. In April 1802, he was chosen to be in the Massachusetts Senate. While working as a Senator, John Quincy also taught at Brown University and Harvard University, where he helped students learn about logic and speaking.

هنگامی که جان کوئینسی به ایالات متحده بازگشت، کار وکالت خود را دوباره در بوستون آغاز کرد. در آوریل ۱۸۰۲، او برای عضویت در سنای ماساچوست انتخاب شد. جان کوئینسی در حالی که به عنوان سناتور کار می‌کرد، در دانشگاه براون و دانشگاه هاروارد نیز تدریس می‌کرد، جایی که به دانشجویان کمک می‌کرد تا منطق و صحبت کردن را بیاموزند.

In 1809, President James Madison gave John Quincy Adams a very special job as the first U.S. Minister to Russia. Even though John Quincy had recently left his old political party, he had supported President Jefferson's ideas about how to deal with other countries, which made President Madison like him. John Quincy was a great choice for this job because he knew a lot about Europe and Russia.

در سال ۱۸۰۹، رئیس جمهور جیمز مدیسون به جان کوئینسی آدامز شغل بسیار ویژه‌ای به عنوان اولین وزیر ایالات متحده در روسیه داد. با وجود اینکه جان کوئینسی اخیراً حزب سیاسی قدیمی خود را ترک کرده بود، از ایده‌های رئیس جمهور جفرسون در مورد نحوه‌ی برخورد با کشورهای دیگر حمایت کرده بود و همین باعث شد رئیس جمهور مدیسون او را دوست داشته باشد. جان کوئینسی انتخاب بسیار خوبی برای این کار بود زیرا او اطلاعات زیادی در مورد اروپا و روسیه داشت.

Later on, John Quincy became the Secretary of State during President James Monroe's time as President, from 1817 to 1825. As Secretary of State, John Quincy helped with many important things, like making deals with England and Spain. Many of these successes happened by chance, not by planning ahead.

پس از آن، جان کوئینسی در زمان رئیس جمهور جیمز مونرو، از سال ۱۸۱۷ تا ۱۸۲۵، وزیر امور خارجه شد. جان کوئینسی به عنوان وزیر امور خارجه در بسیاری از امور مهم مانند بستن قرارداد با انگلیس و اسپانیا کمک کرد. بسیاری از موفقیت‌های او به طور تصادفی اتفاق افتاده‌اند، نه اینکه از قبل برنامه‌ریزی شده باشد.

After the War of 1812, John Quincy thought the country was lucky not to lose any land and wanted to make sure there wouldn't be another war with Europe, especially with Britain. He also wanted to stop small arguments from turning into big problems, which had been a big issue before.

پس از جنگ ۱۸۱۲، جان کوئینسی معتقد بود که کشور خوش‌شانس است که هیچ سرزمینی را از دست نداده است. او می‌خواست مطمئن شود که جنگ دیگری با اروپا، به ویژه با بریتانیا، رخ نخواهد داد. او همچنین می‌خواست جلوی تبدیل بحث‌های کوچک به مشکلات بزرگ را بگیرد. چیزی که قبلاً یک مسئله ی بزرگ بود.

Right after becoming Secretary of State, people thought John Quincy might become the next President because many past Presidents had been in this job before they became President.

مردم درست پس از اینکه او وزیر امور خارجه شد، فکر می‌کردند که جان کوئینسی ممکن است رئیس جمهور بعدی شود زیرا بسیاری از روسای جمهور گذشته قبل از اینکه رئیس جمهور شوند در این شغل بودند.

After the War of 1812, the Federalist Party went away, and the only big party left was the Democratic-Republican Party. John Quincy Adams thought that if he became President, it would make his daddy's work look even better and help him start some exciting new projects. Even though he wasn't as charming as some of his competitors, many people respected him, and he had an advantage because there weren't many other big leaders from the North running for President.

پس از جنگ ۱۸۱۲، حزب فدرالیست کنار رفت و تنها حزب بزرگ باقی مانده حزب دموکرات – جمهوری‌خواه بود. جان کوئینسی آدامز فکر می‌کرد که اگر رئیس جمهور شود، کار پدرش نیز بهتر به‌نظر می‌رسد و به او کمک می‌کند تا پروژه‌های جدید و هیجان‌انگیزی را آغاز کند. با وجود اینکه او به اندازه‌ی برخی از رقبای خود جذاب نبود؛ اما بسیاری از مردم به او احترام می‌گذاشتند. البته او یک مزیت داشت؛ زیرا رهبران بزرگ دیگری از شمال برای ریاست جمهوری نامزد نمی‌شدند.

In the 1824 presidential election, there were four people running: Andrew Jackson, John Quincy Adams, William Crawford, and Henry Clay. Jackson got 99 out of 261 votes, which meant he had the most votes, but not enough to win right away. Adams got 84 votes, Crawford got 41, and Clay got 37. For Vice President, Calhoun got the most votes. Adams did very well in New England and New York, but he only got a few votes from the southern states where slavery was common. Jackson's support mostly came from those southern states, but he also won some votes from New Jersey, Pennsylvania, and other places in the Northwest.

در انتخابات ریاست جمهوری سال ۱۸۲۴، چهار نفر شرکت داشتند: اندرو جکسون، جان کوئینسی آدامز، ویلیام کرافورد و هنری کلی. جکسون ۹۹ رای از ۲۶۱ رای را به دست آورد، که به این معنی بود که او بیشترین رای را داشت، اما این تعداد برای برنده شدن نهایی کافی نبود. آدامز ۸۴ رای، کرافورد ۴۱ و کلی ۳۷ رای به دست آوردند. برای معاون رئیس جمهور، کالهون بیشترین رای را به دست آورد. آدامز در نیوانگلند و نیویورک بسیار خوب عمل کرد، اما او تنها چند رای از ایالت‌های جنوبی که برده‌داری در آنها رایج بود، به دست آورد. حمایت جکسون بیشتر متعلق به ایالت‌های جنوبی بود، اما او همچنین از نیوجرسی، پنسیلوانیا و سایر نقاط شمال غربی نیز آرایی را به دست آورد.

Since no one won enough votes to become President right away, the House of Representatives had to pick the President. According to a special rule called the 12th Amendment, the House could only choose from the top three people who got the most votes. This meant that Henry Clay, who was fourth, couldn't be chosen by the House.

از آنجایی که هیچ‌کس آرای کافی برای رئیس جمهور شدن را به دست نیاورد، مجلس نمایندگان مجبور شد خودش رئیس جمهور را انتخاب کند. مجلس طبق قانون خاصی به‌نام متمم دوازدهم، فقط می‌توانست از بین سه نفر اول که بیشترین آرا را به دست آورده‌اند،یک نفر را انتخاب کند. این بدان معنا بود که هنری کلی، که چهارم بود، نمی‌توانست توسط مجلس انتخاب شود.

John Quincy Adams knew he needed Henry Clay's help to win because Clay had a lot of friends in the House who could help him. Even though Adams and Clay had not always gotten along and were very different from each other, they agreed on many important issues. They talked before the House had to vote, and Clay decided to help Adams.

جان کوئینسی آدامز می‌دانست که برای پیروزی به کمک هنری کلی نیاز دارد، زیرا کلی دوستان زیادی در مجلس داشت که می‌توانستند به او کمک کنند. با وجود اینکه آدامز و کلی همیشه با هم کنار نمی‌آمدند و تفاوت زیادی با یکدیگر داشتند؛ اما در مورد بسیاری از مسائل مهم توافق داشتند. آنها قبل از رأی‌گیری مجلس با هم صحبت کردند و کلی تصمیم گرفت به آدامز کمک کند.

On February 9, 1825, when the House voted to pick the President, Adams won the first round by getting support from 13 out of 24 state groups.

در ۹ فوریه ۱۸۲۵، زمانی که مجلس به انتخاب رئیس جمهور رأی داد، آدامز با جلب حمایت ۱۳ از ۲۴ گروه ایالتی، در دور اول پیروز شد.

John Quincy Adams became President on March 4, 1825. He was the first person to be both the child of a President and a President himself, just like his father, John Adams. This didn't happen again until 176 years later when George W. Bush became President, following in the footsteps of his father, George H. W. Bush.

جان کوئینسی آدامز در ۴ مارس ۱۸۲۵ رئیس جمهور شد. او اولین کسی بود که هم فرزند یک رئیس جمهور و هم خودش ماننـد پدرش، جان آدامز رئیس جمهور بود. این اتفاق تا ۱۷۶ سال بعد که جورج دبلیو بوش به دنبال پدرش جورج اچ دبلیو بوش رئیس جمهور شد، تکرار نشد.

When John Quincy was sworn in as President, he did something different. Instead of putting his hand on a Bible, he placed it on a book about the laws of the country. He also wanted to make a lot of big changes to help improve things like roads, ports, and canals. Some people were worried about whether this was allowed by the Constitution and if the government should be involved in these projects, but Adams said he would ask Congress to help with them.

زمانی که جان کوئینسی به عنوان رئیس جمهور سوگند یاد کرد، کاری متفاوت انجام داد. او به جای اینکه دستش را روی کتاب مقدس بگذارد، آن را روی کتابی در مورد قوانین کشور گذاشت. او همچنین می‌خواست تغییرات بزرگ زیادی برای کمک به بهبود مواردی مانند جاده‌ها، بنادر و کانال‌ها ایجاد کند. برخی از مردم نگران بودند که آیا قانون اساسی اجازه‌ی چنین کاری را می‌دهد و آیا دولت باید در این پروژه‌ها مشارکت داشته باشد. اما آدامز گفت که از کنگره می خواهد که به اجرای این پروژه‌ها کمک کند.

After losing the election in 1828, John Quincy thought about retiring for good from public life. He was also very sad because his son, George Washington Adams, had sadly passed away in 1829.

او پس از شکست در انتخابات در سال ۱۸۲۸، جان کوئینسی به فکر بازنشستگی همیشگی از کارهای عمومی افتاد. او همچنین بسیار غمگین بود زیرا پسرش جورج واشنگتن آدامز متأسفانه در سال ۱۸۲۹ از دنیا رفته بود.

John Quincy Adams was very upset about some things that President Andrew Jackson did, like giving jobs to his friends and going after his good friend Tobias Watkins, who was accused of stealing money. Even though Adams and Jackson had been friends before, they started to really dislike each other after the 1828 election.

جان کوئینسی آدامز از کارهایی که رییس جمهور اندرو جکسون انجام داد، مانند کار دادن به دوستانش و تعقیب دوست خوبش توبیاس واتکینز، که متهم به سرقت پول بود، بسیار ناراحت بود. با وجود اینکه آدامز و جکسون قبلاً با هم دوست بودند، اما پس از انتخابات ۱۸۲۸ شروع به بیزاری از یکدیگر کردند.

Feeling unhappy with his retirement and thinking he still had more to do, Adams decided to run for a new job. In the 1830 election, he won a seat in the U.S. House of Representatives. He kept working in Congress for nine terms, from 1831 until he passed away in 1848. Adams and Andrew Johnson are the only former Presidents who also served in Congress after being President.

آدامز که از بازنشستگی خود ناراضی بود و فکر می‌کرد که هنوز کارهای بیشتری برای انجام دادن دارد، تصمیم گرفت برای یک شغل جدید نامزد شود. او در انتخابات ۱۸۳۰ کرسی مجلس نمایندگان ایالات متحده را به‌دست آورد. آدامز و اندرو جانسون تنها روسای جمهور سابقی هستند که پس از ریاست جمهوری در کنگره نیز مشغول به‌کار شدند.

When John Quincy Adams went back to work in Washington at age 64, he thought he would have an easier job. But instead, Speaker Andrew Stevenson gave him a big responsibility as the Chairman of the Committee on Commerce and Manufactures.

هنگامی که جان کوئینسی آدامز در سن ۶۴ سالگی برای کار به واشنگتن بازگشت، فکر کرد کار آسان‌تری در پیش خواهد داشت. اما در عوض، اندرو استیونسون، سخنران، مسئولیت بزرگی به‌عنوان رئیس کمیته‌ی بازرگانی و تولیدات به او داد.

In the 1830s, people in the United States were having big arguments about slavery. Adams, who had always been against slavery, used his new job in Congress to fight against it. He became a very important person in the fight to end slavery. After winning one of his elections, Adams said he wanted to help make the world a better place, where there would be no more slavery or wars.

در دهه‌ی ۱۸۳۰، مردم در ایالات متحده بحث‌های زیادی در مورد برده‌داری داشتند. آدامز که همیشه مخالف برده‌داری بود، از شغل جدید خود در کنگره برای مبارزه با برده‌داری استفاده کرد. او فردی بسیار مهم در مبارزه برای پایان دادن به برده‌داری شد. آدامز پس از پیروزی در یکی از انتخابات خود گفت که می‌خواهد کمک کند تا جهان به مکانی بهتر تبدیل شود، جایی که دیگر برده‌داری یا جنگی وجود نداشته باشد.

In 1846, when John Quincy Adams was 78 years old, he had a stroke that made it hard for him to move. But after resting for a few months, he got better and went back to work in Congress. On February 13, 1847, when he walked into the House chamber, everyone stood up and clapped for him.

در سال ۱۸۴۶، زمانی که جان کوئینسی آدامز ۷۸ ساله بود، سکته ی مغزی کرد که حرکت کردن را برای او سخت کرد. اما پس از چند ماه استراحت، حالش بهتر شد و دوباره برای کار به کنگره رفت. در ۱۳ فوریه ۱۸۴۷، هنگامی که او وارد اتاق مجلس شد، همه از جا برخاستند و شروع به تشویق او کردند.

On February 21, 1848, while the House of Representatives was talking about honoring soldiers from the Mexican-American War, Adams, who didn't agree with the war, was about to answer a question from the Speaker of the House, Robert C. Winthrop. Just after he stood up, Adams had a serious stroke. Two days later, on February 23, he passed away at 7:20 p.m. His only child, Charles Francis, got there too late to see him. Abraham Lincoln, who would later become President, was there too as a new representative from Illinois.

در ۲۱ فوریه ۱۸۴۸، در حالی که مجلس نمایندگان در مورد تجلیل از سربازان جنگ مکزیک و آمریکا صحبت می‌کرد، آدامز که با جنگ موافق نبود، درست وقتی که بلند شد تا به سوال رئیس مجلس، رابرت سی وینتروپ پاسخ دهد؛ سکته کرد و دو روز بعد در ۲۳ فوریه در ساعت ۱۹:۲۰ درگذشت. تنها فرزند او، چارلز فرانسیس، برای دیدن او خیلی دیر به آنجا رسید.

آبراهام لینکلن که بعدها رئیس جمهور شد نیز به عنوان نماینده‌ی جدیدی از ایلینوی در آنجا حضور داشت.

جان کوئینسی آدامز
John Quincy Adams
By: Reza Nazari

Copyright © 2024 Effortless Math Education, USA
All rights reserved.
No part of this publication may be
reproduced, stored in a retrieval system, or
transmitted in any form or by any means,
electronic, mechanical, photocopying,
recording, scanning, or otherwise, except as permitted
under Section 107 or 108 of the1976 United States
Copyright Act, without permission of the author.
All inquiries should be addressed to:
www.LearnPersianOnline.com
info@LearnPersianOnline.com
Published by: LearnPersianOnline.com